Geschäftsbericht

Das Eintragbuch für Toilettengäste!

Die Hafenprinzessin

Dieses Buch gehört:

_____

Impressum

Verantwortlich

Christian Flick / Mathias Weber

youneo projects flick und weber GbR, Poststraße 1, 49326 Melle

info@youneoprojects.de, www.youneoprojects.de

Herstellung und Verlag

BoD - Books on Demand, Norderstedt

Bildquellen

© Ilya Bolotov/shutterstock (Cover), ddok/shutterstock

ISBN: 9783746076546

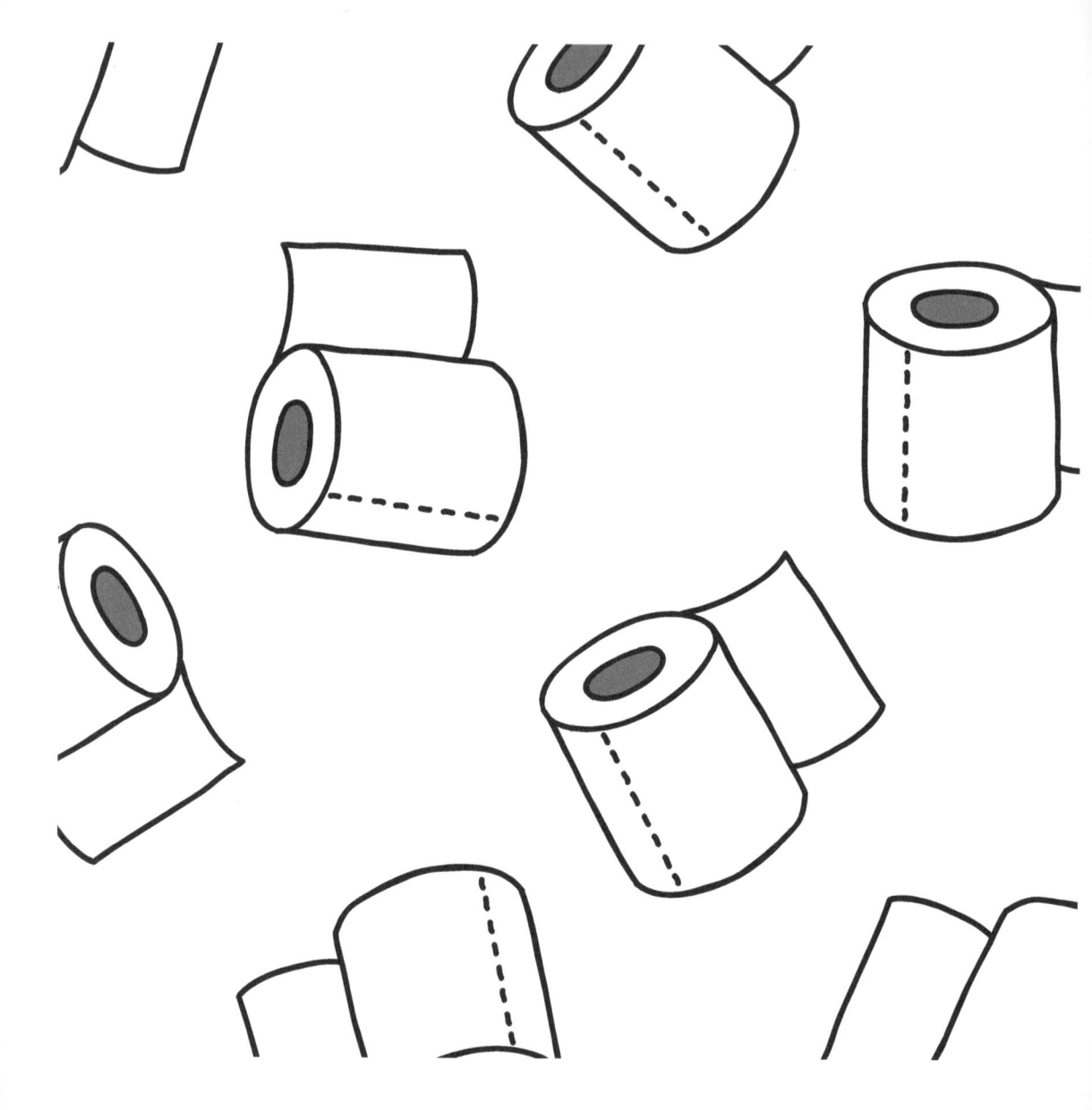

Geschäftsbericht

Name des Toilettengastes

_____

Der wievielte „Boxenstop" ist es heute hier für dich?

_____

Wie gefällt dir diese Toilette?

_____

Gibt es Verbesserungspotenzial an diesem Raum?

_____

Wieviele Lagen bevorzugst du beim Toilettenpapier?

_____

Magst du uns spontan ein nettes Zitat hier hinterlassen?

_____

Hast du Randanmerkungen zum heutigen Tag?

_____

_____

Geschäftsbericht

Name des Toilettengastes

_____

Der wievielte „Boxenstop" ist es heute hier für dich?

_____

Wie gefällt dir diese Toilette?

_____

Gibt es Verbesserungspotenzial an diesem Raum?

_____

Wieviele Lagen bevorzugst du beim Toilettenpapier?

_____

Magst du uns spontan ein nettes Zitat hier hinterlassen?

_____

Hast du Randanmerkungen zum heutigen Tag?

_____

_____

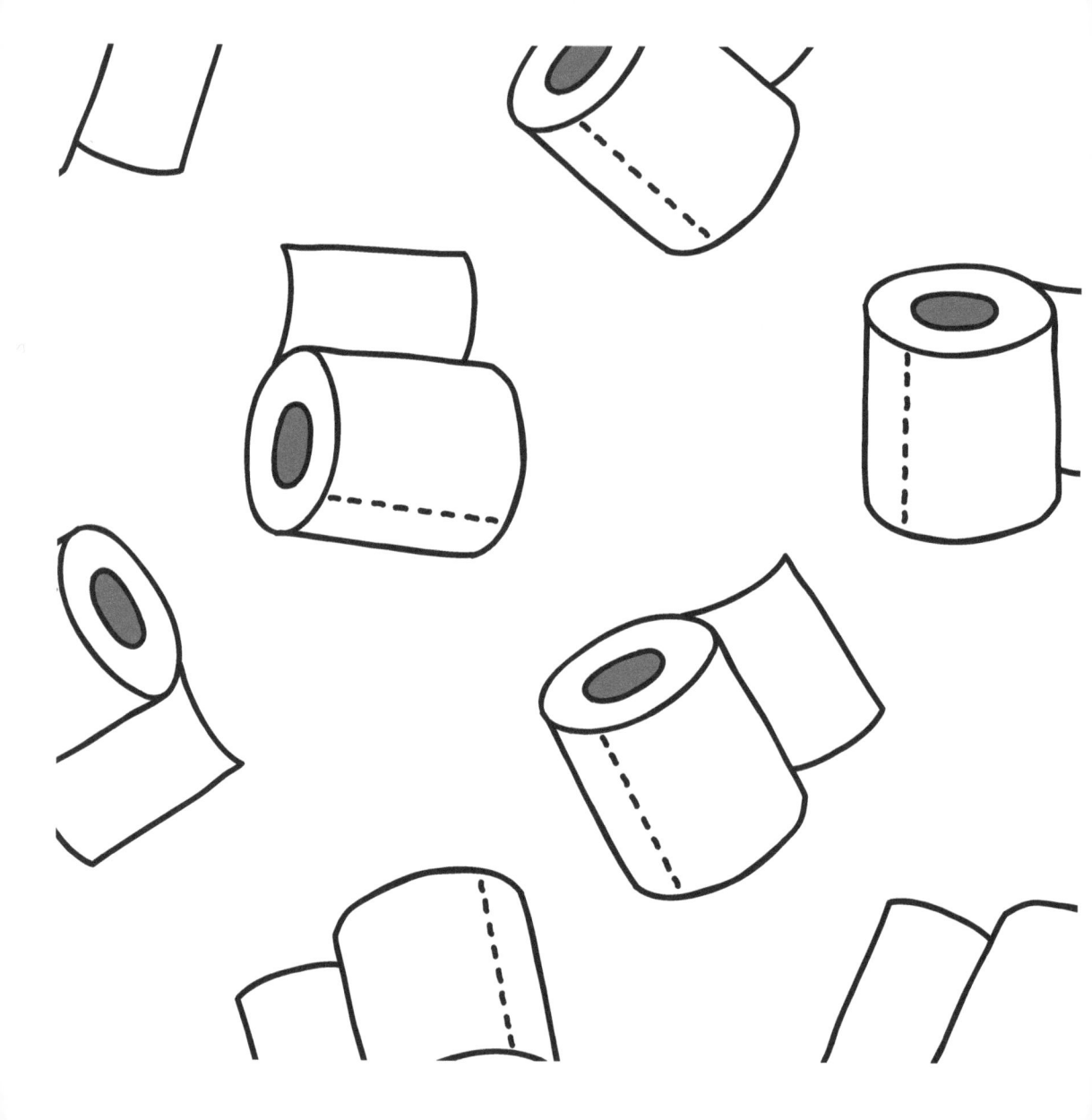

Geschäftsbericht

Name des Toilettengastes

_____

Der wievielte „Boxenstop" ist es heute hier für dich?

_____

Wie gefällt dir diese Toilette?

_____

Gibt es Verbesserungspotenzial an diesem Raum?

_____

Wieviele Lagen bevorzugst du beim Toilettenpapier?

_____

Magst du uns spontan ein nettes Zitat hier hinterlassen?

_____

Hast du Randanmerkungen zum heutigen Tag?

_____

_____

Geschäftsbericht

Name des Toilettengastes

_____

Der wievielte „Boxenstop" ist es heute hier für dich?

_____

Wie gefällt dir diese Toilette?

_____

Gibt es Verbesserungspotenzial an diesem Raum?

_____

Wieviele Lagen bevorzugst du beim Toilettenpapier?

_____

Magst du uns spontan ein nettes Zitat hier hinterlassen?

_____

Hast du Randanmerkungen zum heutigen Tag?

_____

_____

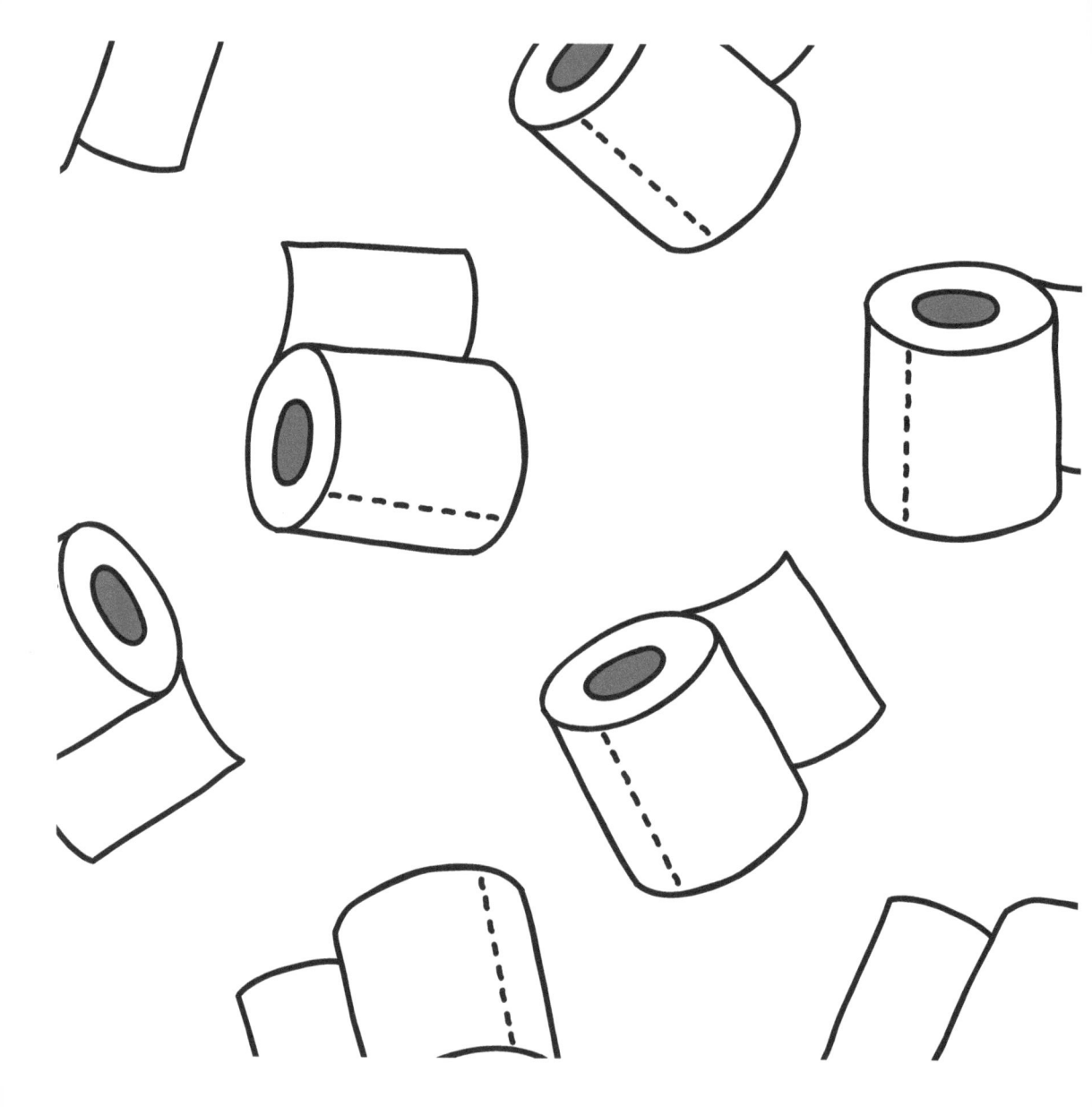

Geschäftsbericht

Name des Toilettengastes

_____

Der wievielte „Boxenstop" ist es heute hier für dich?

_____

Wie gefällt dir diese Toilette?

_____

Gibt es Verbesserungspotenzial an diesem Raum?

_____

Wieviele Lagen bevorzugst du beim Toilettenpapier?

_____

Magst du uns spontan ein nettes Zitat hier hinterlassen?

_____

Hast du Randanmerkungen zum heutigen Tag?

_____

Geschäftsbericht

Name des Toilettengastes

_____

Der wievielte „Boxenstop" ist es heute hier für dich?

_____

Wie gefällt dir diese Toilette?

_____

Gibt es Verbesserungspotenzial an diesem Raum?

_____

Wieviele Lagen bevorzugst du beim Toilettenpapier?

_____

Magst du uns spontan ein nettes Zitat hier hinterlassen?

_____

Hast du Randanmerkungen zum heutigen Tag?

_____

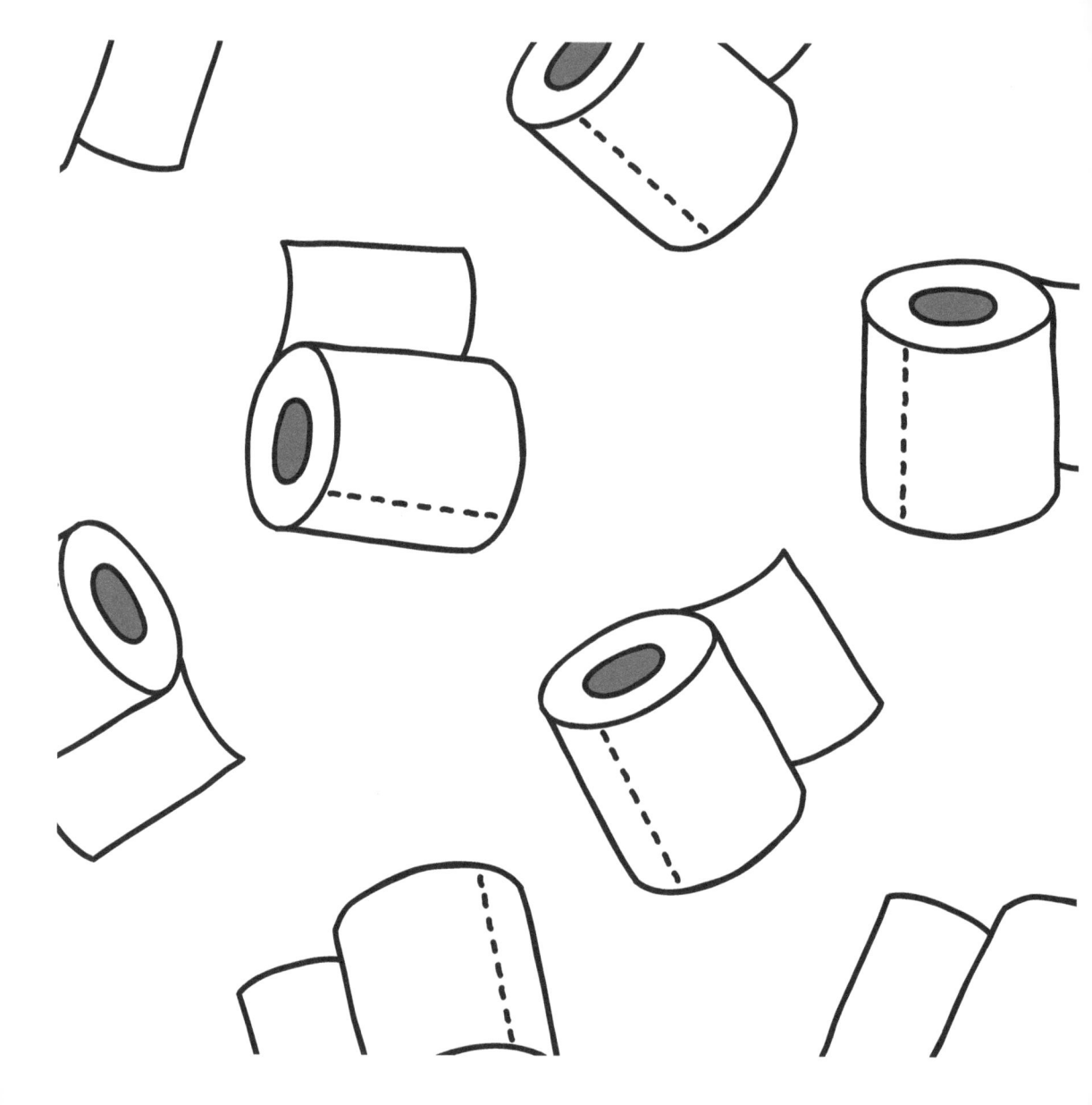

Geschäftsbericht

Name des Toilettengastes

_____

Der wievielte „Boxenstop" ist es heute hier für dich?

_____

Wie gefällt dir diese Toilette?

_____

Gibt es Verbesserungspotenzial an diesem Raum?

_____

Wieviele Lagen bevorzugst du beim Toilettenpapier?

_____

Magst du uns spontan ein nettes Zitat hier hinterlassen?

_____

Hast du Randanmerkungen zum heutigen Tag?

_____

_____

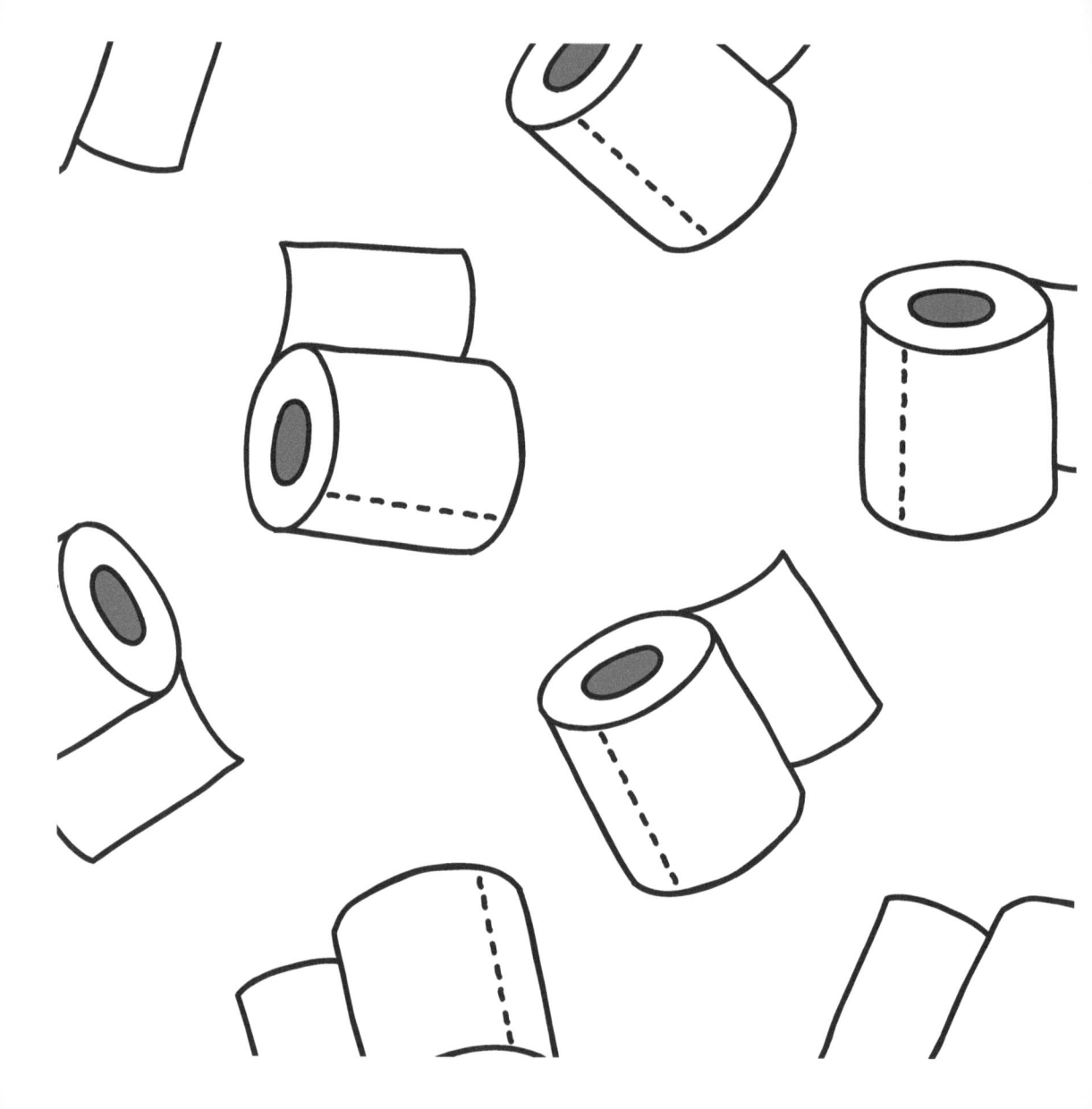

Geschäftsbericht

Name des Toilettengastes

_____

Der wievielte „Boxenstop" ist es heute hier für dich?

_____

Wie gefällt dir diese Toilette?

_____

Gibt es Verbesserungspotenzial an diesem Raum?

_____

Wieviele Lagen bevorzugst du beim Toilettenpapier?

_____

Magst du uns spontan ein nettes Zitat hier hinterlassen?

_____

Hast du Randanmerkungen zum heutigen Tag?

_____

_____

Geschäftsbericht

Name des Toilettengastes

Der wievielte „Boxenstop" ist es heute hier für dich?

Wie gefällt dir diese Toilette?

Gibt es Verbesserungspotenzial an diesem Raum?

Wieviele Lagen bevorzugst du beim Toilettenpapier?

Magst du uns spontan ein nettes Zitat hier hinterlassen?

Hast du Randanmerkungen zum heutigen Tag?

Geschäftsbericht

Name des Toilettengastes

_____

Der wievielte „Boxenstop" ist es heute hier für dich?

_____

Wie gefällt dir diese Toilette?

_____

Gibt es Verbesserungspotenzial an diesem Raum?

_____

Wieviele Lagen bevorzugst du beim Toilettenpapier?

_____

Magst du uns spontan ein nettes Zitat hier hinterlassen?

_____

Hast du Randanmerkungen zum heutigen Tag?

_____

_____

Geschäftsbericht

Name des Toilettengastes

_____

Der wievielte „Boxenstop" ist es heute hier für dich?

_____

Wie gefällt dir diese Toilette?

_____

Gibt es Verbesserungspotenzial an diesem Raum?

_____

Wieviele Lagen bevorzugst du beim Toilettenpapier?

_____

Magst du uns spontan ein nettes Zitat hier hinterlassen?

_____

Hast du Randanmerkungen zum heutigen Tag?

_____

_____

Geschäftsbericht

Name des Toilettengastes

_____

Der wievielte „Boxenstop" ist es heute hier für dich?

_____

Wie gefällt dir diese Toilette?

_____

Gibt es Verbesserungspotenzial an diesem Raum?

_____

Wieviele Lagen bevorzugst du beim Toilettenpapier?

_____

Magst du uns spontan ein nettes Zitat hier hinterlassen?

_____

Hast du Randanmerkungen zum heutigen Tag?

_____

_____

Geschäftsbericht

Name des Toilettengastes

Der wievielte „Boxenstop" ist es heute hier für dich?

Wie gefällt dir diese Toilette?

Gibt es Verbesserungspotenzial an diesem Raum?

Wieviele Lagen bevorzugst du beim Toilettenpapier?

Magst du uns spontan ein nettes Zitat hier hinterlassen?

Hast du Randanmerkungen zum heutigen Tag?

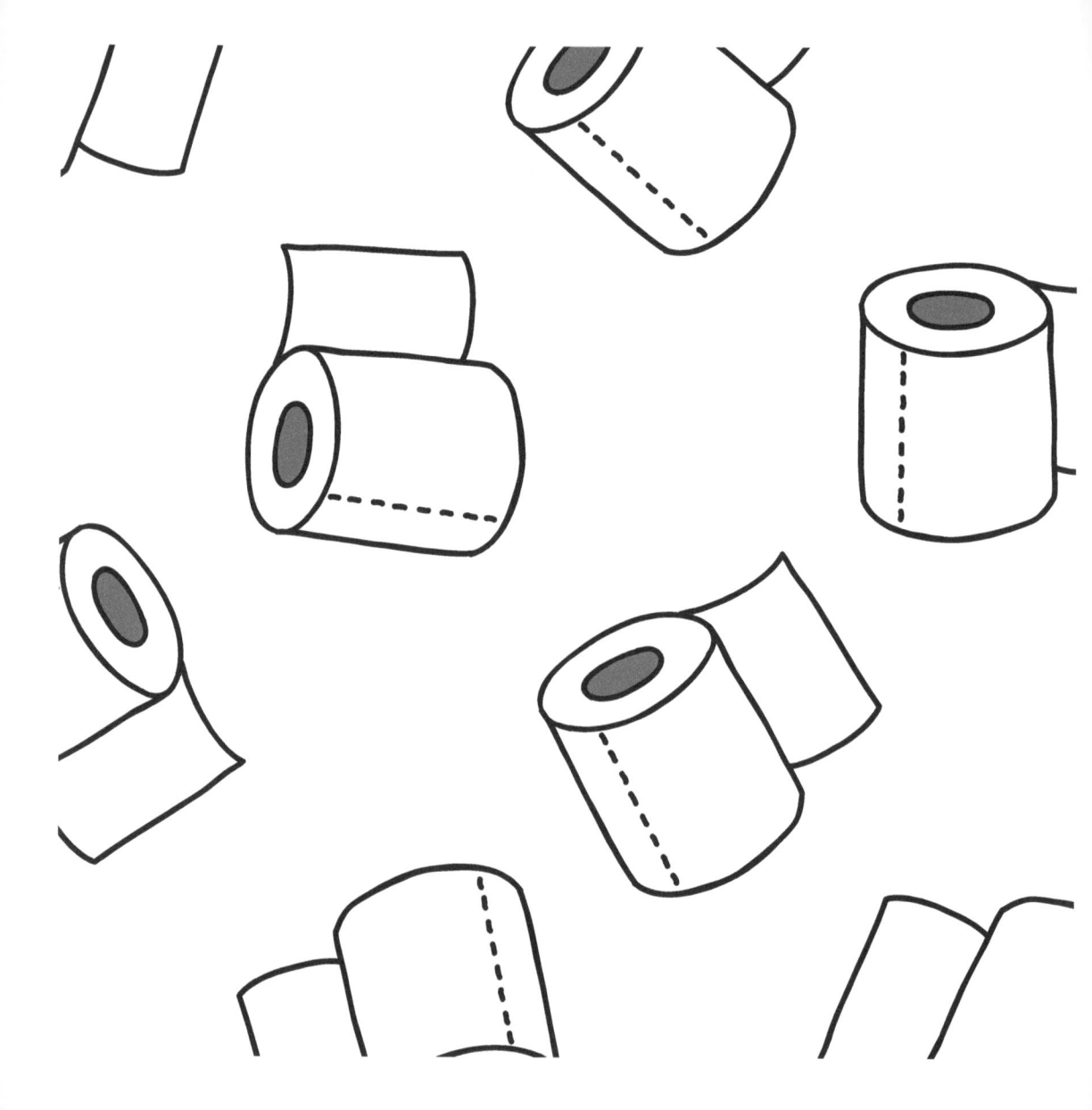

Geschäftsbericht

Name des Toilettengastes

_____

Der wievielte „Boxenstop" ist es heute hier für dich?

_____

Wie gefällt dir diese Toilette?

_____

Gibt es Verbesserungspotenzial an diesem Raum?

_____

Wieviele Lagen bevorzugst du beim Toilettenpapier?

_____

Magst du uns spontan ein nettes Zitat hier hinterlassen?

_____

Hast du Randanmerkungen zum heutigen Tag?

_____

_____

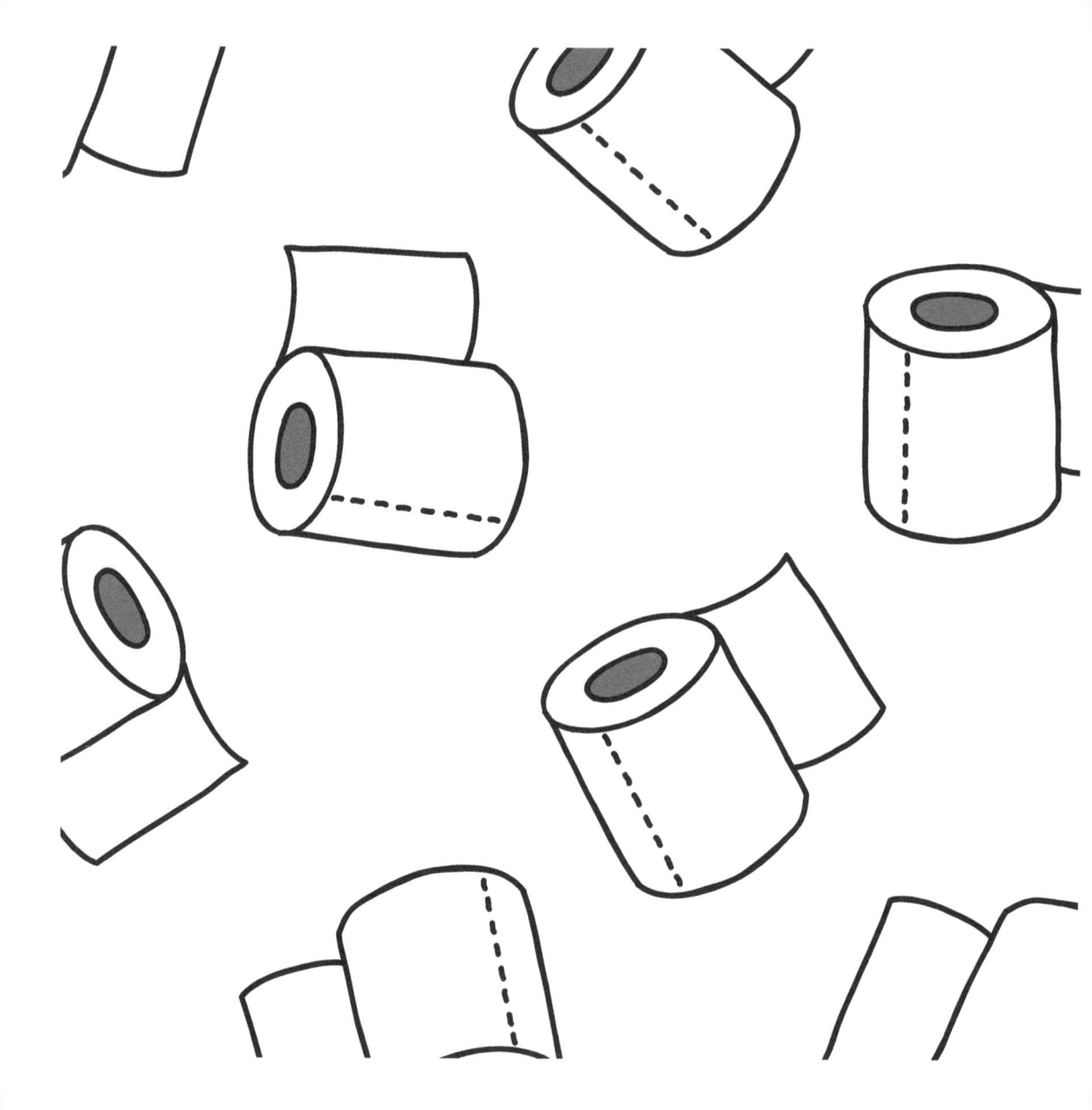

Geschäftsbericht

Name des Toilettengastes

_____

Der wievielte „Boxenstop" ist es heute hier für dich?

_____

Wie gefällt dir diese Toilette?

_____

Gibt es Verbesserungspotenzial an diesem Raum?

_____

Wieviele Lagen bevorzugst du beim Toilettenpapier?

_____

Magst du uns spontan ein nettes Zitat hier hinterlassen?

_____

Hast du Randanmerkungen zum heutigen Tag?

_____

_____

Geschäftsbericht

Name des Toilettengastes

_____

Der wievielte „Boxenstop" ist es heute hier für dich?

_____

Wie gefällt dir diese Toilette?

_____

Gibt es Verbesserungspotenzial an diesem Raum?

_____

Wieviele Lagen bevorzugst du beim Toilettenpapier?

_____

Magst du uns spontan ein nettes Zitat hier hinterlassen?

_____

Hast du Randanmerkungen zum heutigen Tag?

_____

_____

Geschäftsbericht

Name des Toilettengastes

_____

Der wievielte „Boxenstop" ist es heute hier für dich?

_____

Wie gefällt dir diese Toilette?

_____

Gibt es Verbesserungspotenzial an diesem Raum?

_____

Wieviele Lagen bevorzugst du beim Toilettenpapier?

_____

Magst du uns spontan ein nettes Zitat hier hinterlassen?

_____

Hast du Randanmerkungen zum heutigen Tag?

_____

_____

Geschäftsbericht

Name des Toilettengastes

Der wievielte „Boxenstop" ist es heute hier für dich?

Wie gefällt dir diese Toilette?

Gibt es Verbesserungspotenzial an diesem Raum?

Wieviele Lagen bevorzugst du beim Toilettenpapier?

Magst du uns spontan ein nettes Zitat hier hinterlassen?

Hast du Randanmerkungen zum heutigen Tag?

Geschäftsbericht

Name des Toilettengastes

Der wievielte „Boxenstop" ist es heute hier für dich?

Wie gefällt dir diese Toilette?

Gibt es Verbesserungspotenzial an diesem Raum?

Wieviele Lagen bevorzugst du beim Toilettenpapier?

Magst du uns spontan ein nettes Zitat hier hinterlassen?

Hast du Randanmerkungen zum heutigen Tag?

Geschäftsbericht

Name des Toilettengastes

_____

Der wievielte „Boxenstop" ist es heute hier für dich?

_____

Wie gefällt dir diese Toilette?

_____

Gibt es Verbesserungspotenzial an diesem Raum?

_____

Wieviele Lagen bevorzugst du beim Toilettenpapier?

_____

Magst du uns spontan ein nettes Zitat hier hinterlassen?

_____

Hast du Randanmerkungen zum heutigen Tag?

_____

_____

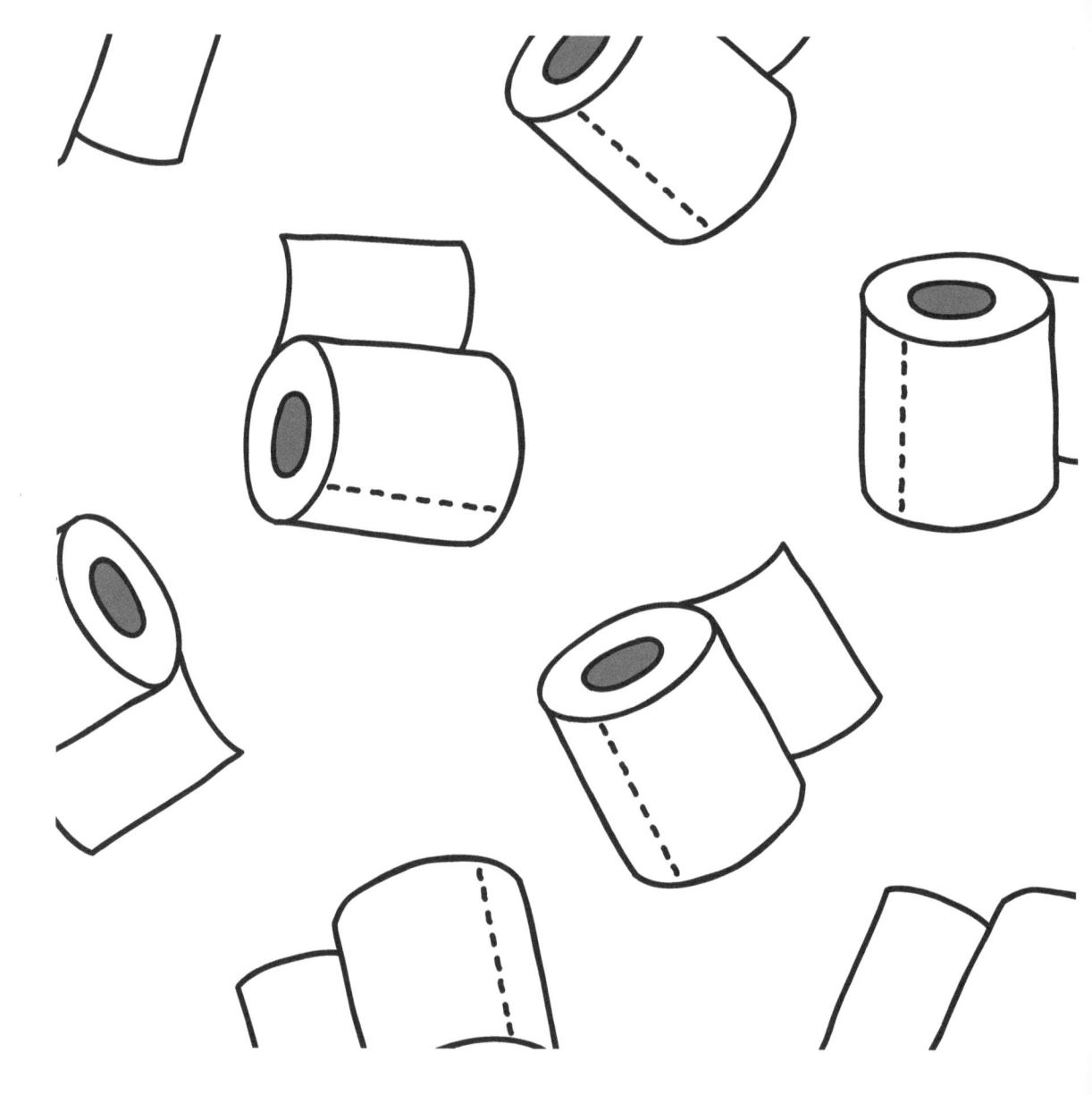

Geschäftsbericht

Name des Toilettengastes

_____

Der wievielte „Boxenstop" ist es heute hier für dich?

_____

Wie gefällt dir diese Toilette?

_____

Gibt es Verbesserungspotenzial an diesem Raum?

_____

Wieviele Lagen bevorzugst du beim Toilettenpapier?

_____

Magst du uns spontan ein nettes Zitat hier hinterlassen?

_____

Hast du Randanmerkungen zum heutigen Tag?

_____

Geschäftsbericht

Name des Toilettengastes

_____

Der wievielte „Boxenstop" ist es heute hier für dich?

_____

Wie gefällt dir diese Toilette?

_____

Gibt es Verbesserungspotenzial an diesem Raum?

_____

Wieviele Lagen bevorzugst du beim Toilettenpapier?

_____

Magst du uns spontan ein nettes Zitat hier hinterlassen?

_____

Hast du Randanmerkungen zum heutigen Tag?

_____

_____

Geschäftsbericht

Name des Toilettengastes

Der wievielte „Boxenstop" ist es heute hier für dich?

Wie gefällt dir diese Toilette?

Gibt es Verbesserungspotenzial an diesem Raum?

Wieviele Lagen bevorzugst du beim Toilettenpapier?

Magst du uns spontan ein nettes Zitat hier hinterlassen?

Hast du Randanmerkungen zum heutigen Tag?

Geschäftsbericht

Name des Toilettengastes

Der wievielte „Boxenstop" ist es heute hier für dich?

Wie gefällt dir diese Toilette?

Gibt es Verbesserungspotenzial an diesem Raum?

Wieviele Lagen bevorzugst du beim Toilettenpapier?

Magst du uns spontan ein nettes Zitat hier hinterlassen?

Hast du Randanmerkungen zum heutigen Tag?

Geschäftsbericht

Name des Toilettengastes

_____

Der wievielte „Boxenstop" ist es heute hier für dich?

_____

Wie gefällt dir diese Toilette?

_____

Gibt es Verbesserungspotenzial an diesem Raum?

_____

Wieviele Lagen bevorzugst du beim Toilettenpapier?

_____

Magst du uns spontan ein nettes Zitat hier hinterlassen?

_____

Hast du Randanmerkungen zum heutigen Tag?

_____

_____

Geschäftsbericht

Name des Toilettengastes

_____

Der wievielte „Boxenstop" ist es heute hier für dich?

_____

Wie gefällt dir diese Toilette?

_____

Gibt es Verbesserungspotenzial an diesem Raum?

_____

Wieviele Lagen bevorzugst du beim Toilettenpapier?

_____

Magst du uns spontan ein nettes Zitat hier hinterlassen?

_____

Hast du Randanmerkungen zum heutigen Tag?

_____

_____

Geschäftsbericht

Name des Toilettengastes

_____

Der wievielte „Boxenstop" ist es heute hier für dich?

_____

Wie gefällt dir diese Toilette?

_____

Gibt es Verbesserungspotenzial an diesem Raum?

_____

Wieviele Lagen bevorzugst du beim Toilettenpapier?

_____

Magst du uns spontan ein nettes Zitat hier hinterlassen?

_____

Hast du Randanmerkungen zum heutigen Tag?

_____

_____

Geschäftsbericht

Name des Toilettengastes

Der wievielte „Boxenstop" ist es heute hier für dich?

Wie gefällt dir diese Toilette?

Gibt es Verbesserungspotenzial an diesem Raum?

Wieviele Lagen bevorzugst du beim Toilettenpapier?

Magst du uns spontan ein nettes Zitat hier hinterlassen?

Hast du Randanmerkungen zum heutigen Tag?

Geschäftsbericht

Name des Toilettengastes

_____

Der wievielte „Boxenstop" ist es heute hier für dich?

_____

Wie gefällt dir diese Toilette?

_____

Gibt es Verbesserungspotenzial an diesem Raum?

_____

Wieviele Lagen bevorzugst du beim Toilettenpapier?

_____

Magst du uns spontan ein nettes Zitat hier hinterlassen?

_____

Hast du Randanmerkungen zum heutigen Tag?

_____

_____

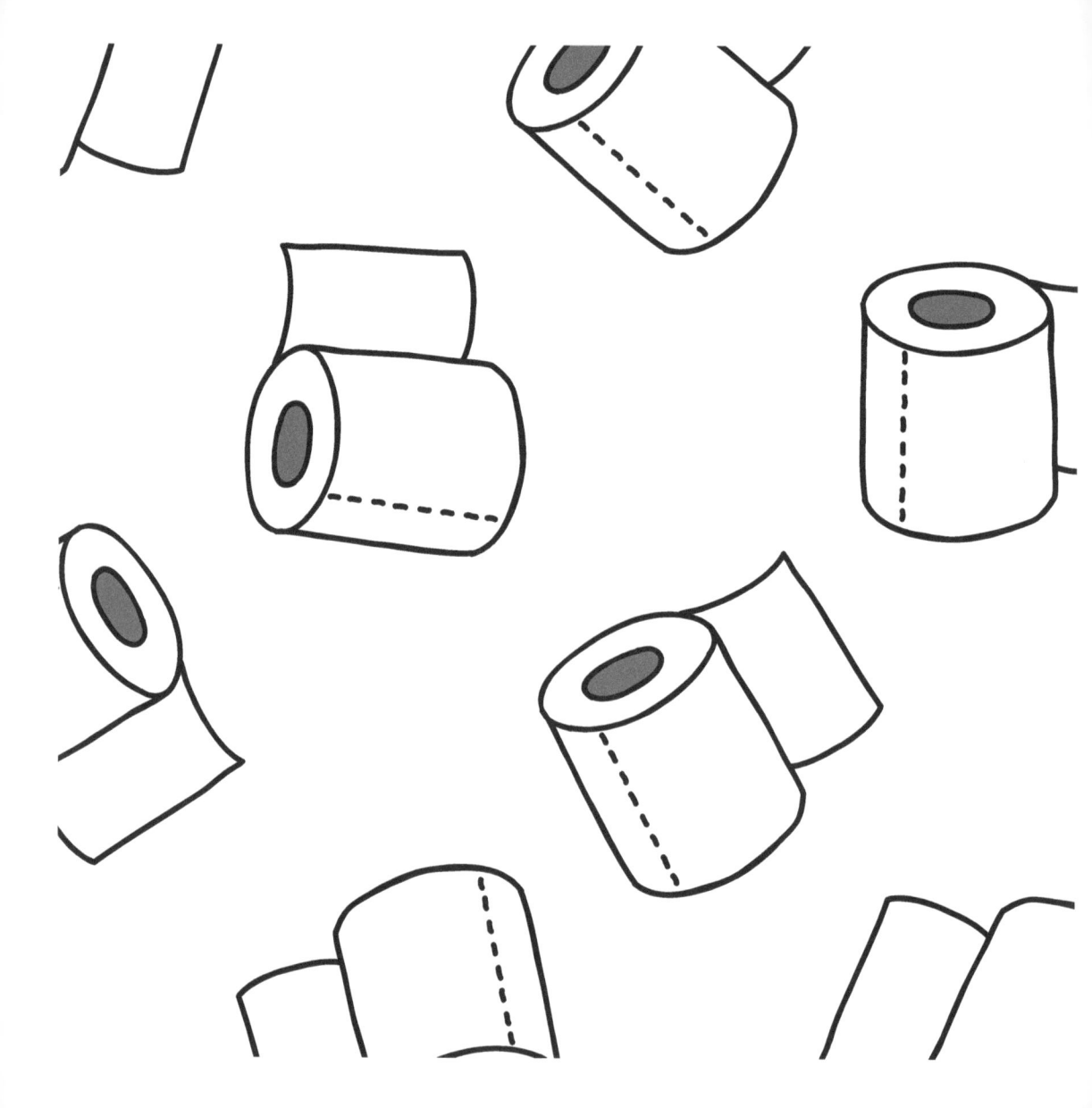

Geschäftsbericht

Name des Toilettengastes

Der wievielte „Boxenstop" ist es heute hier für dich?

Wie gefällt dir diese Toilette?

Gibt es Verbesserungspotenzial an diesem Raum?

Wieviele Lagen bevorzugst du beim Toilettenpapier?

Magst du uns spontan ein nettes Zitat hier hinterlassen?

Hast du Randanmerkungen zum heutigen Tag?

Geschäftsbericht

Name des Toilettengastes

_____

Der wievielte „Boxenstop" ist es heute hier für dich?

_____

Wie gefällt dir diese Toilette?

_____

Gibt es Verbesserungspotenzial an diesem Raum?

_____

Wieviele Lagen bevorzugst du beim Toilettenpapier?

_____

Magst du uns spontan ein nettes Zitat hier hinterlassen?

_____

Hast du Randanmerkungen zum heutigen Tag?

_____

_____

Geschäftsbericht

Name des Toilettengastes
_____

Der wievielte „Boxenstop" ist es heute hier für dich?
_____

Wie gefällt dir diese Toilette?
_____

Gibt es Verbesserungspotenzial an diesem Raum?
_____

Wieviele Lagen bevorzugst du beim Toilettenpapier?
_____

Magst du uns spontan ein nettes Zitat hier hinterlassen?
_____

Hast du Randanmerkungen zum heutigen Tag?
_____
_____

Geschäftsbericht

Name des Toilettengastes

_____

Der wievielte „Boxenstop" ist es heute hier für dich?

_____

Wie gefällt dir diese Toilette?

_____

Gibt es Verbesserungspotenzial an diesem Raum?

_____

Wieviele Lagen bevorzugst du beim Toilettenpapier?

_____

Magst du uns spontan ein nettes Zitat hier hinterlassen?

_____

Hast du Randanmerkungen zum heutigen Tag?

_____

_____

Geschäftsbericht

Name des Toilettengastes

_____

Der wievielte „Boxenstop" ist es heute hier für dich?

_____

Wie gefällt dir diese Toilette?

_____

Gibt es Verbesserungspotenzial an diesem Raum?

_____

Wieviele Lagen bevorzugst du beim Toilettenpapier?

_____

Magst du uns spontan ein nettes Zitat hier hinterlassen?

_____

Hast du Randanmerkungen zum heutigen Tag?

_____

_____

Geschäftsbericht

Name des Toilettengastes

_____

Der wievielte „Boxenstop" ist es heute hier für dich?

_____

Wie gefällt dir diese Toilette?

_____

Gibt es Verbesserungspotenzial an diesem Raum?

_____

Wieviele Lagen bevorzugst du beim Toilettenpapier?

_____

Magst du uns spontan ein nettes Zitat hier hinterlassen?

_____

Hast du Randanmerkungen zum heutigen Tag?

_____

_____

Geschäftsbericht

Name des Toilettengastes

Der wievielte „Boxenstop" ist es heute hier für dich?

Wie gefällt dir diese Toilette?

Gibt es Verbesserungspotenzial an diesem Raum?

Wieviele Lagen bevorzugst du beim Toilettenpapier?

Magst du uns spontan ein nettes Zitat hier hinterlassen?

Hast du Randanmerkungen zum heutigen Tag?

Geschäftsbericht

Name des Toilettengastes

_____

Der wievielte „Boxenstop" ist es heute hier für dich?

_____

Wie gefällt dir diese Toilette?

_____

Gibt es Verbesserungspotenzial an diesem Raum?

_____

Wieviele Lagen bevorzugst du beim Toilettenpapier?

_____

Magst du uns spontan ein nettes Zitat hier hinterlassen?

_____

Hast du Randanmerkungen zum heutigen Tag?

_____

_____

Geschäftsbericht

Name des Toilettengastes

_____

Der wievielte „Boxenstop" ist es heute hier für dich?

_____

Wie gefällt dir diese Toilette?

_____

Gibt es Verbesserungspotenzial an diesem Raum?

_____

Wieviele Lagen bevorzugst du beim Toilettenpapier?

_____

Magst du uns spontan ein nettes Zitat hier hinterlassen?

_____

Hast du Randanmerkungen zum heutigen Tag?

_____

_____

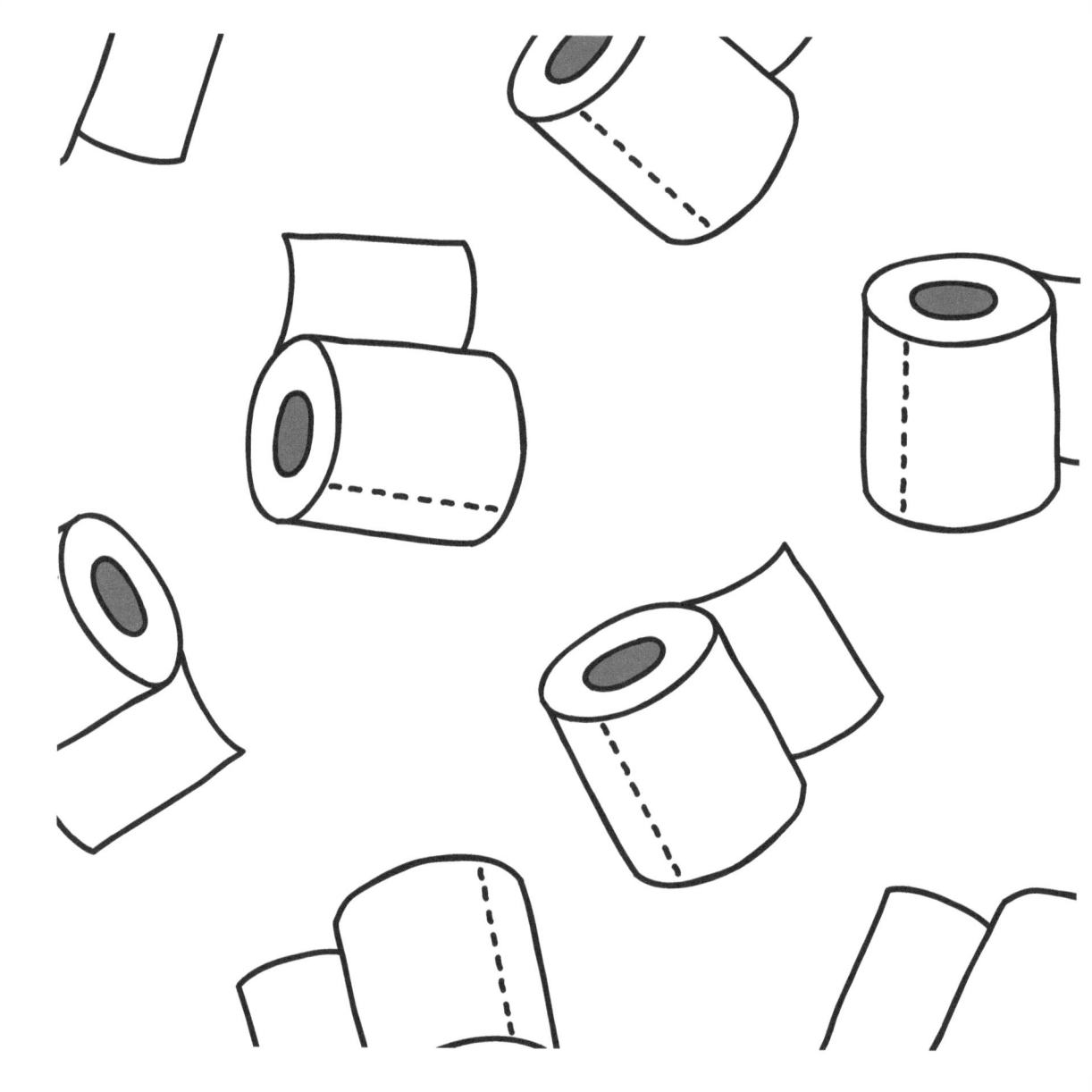

Geschäftsbericht

Name des Toilettengastes

_____

Der wievielte „Boxenstop" ist es heute hier für dich?

_____

Wie gefällt dir diese Toilette?

_____

Gibt es Verbesserungspotenzial an diesem Raum?

_____

Wieviele Lagen bevorzugst du beim Toilettenpapier?

_____

Magst du uns spontan ein nettes Zitat hier hinterlassen?

_____

Hast du Randanmerkungen zum heutigen Tag?

_____

_____

Geschäftsbericht

Name des Toilettengastes

_____

Der wievielte „Boxenstop" ist es heute hier für dich?

_____

Wie gefällt dir diese Toilette?

_____

Gibt es Verbesserungspotenzial an diesem Raum?

_____

Wieviele Lagen bevorzugst du beim Toilettenpapier?

_____

Magst du uns spontan ein nettes Zitat hier hinterlassen?

_____

Hast du Randanmerkungen zum heutigen Tag?

_____

_____

Geschäftsbericht

Name des Toilettengastes

_____

Der wievielte „Boxenstop" ist es heute hier für dich?

_____

Wie gefällt dir diese Toilette?

_____

Gibt es Verbesserungspotenzial an diesem Raum?

_____

Wieviele Lagen bevorzugst du beim Toilettenpapier?

_____

Magst du uns spontan ein nettes Zitat hier hinterlassen?

_____

Hast du Randanmerkungen zum heutigen Tag?

_____

_____

Geschäftsbericht

Name des Toilettengastes

Der wievielte „Boxenstop" ist es heute hier für dich?

Wie gefällt dir diese Toilette?

Gibt es Verbesserungspotenzial an diesem Raum?

Wieviele Lagen bevorzugst du beim Toilettenpapier?

Magst du uns spontan ein nettes Zitat hier hinterlassen?

Hast du Randanmerkungen zum heutigen Tag?

Geschäftsbericht

Name des Toilettengastes

_____

Der wievielte „Boxenstop" ist es heute hier für dich?

_____

Wie gefällt dir diese Toilette?

_____

Gibt es Verbesserungspotenzial an diesem Raum?

_____

Wieviele Lagen bevorzugst du beim Toilettenpapier?

_____

Magst du uns spontan ein nettes Zitat hier hinterlassen?

_____

Hast du Randanmerkungen zum heutigen Tag?

_____

_____

Geschäftsbericht

Name des Toilettengastes

_____

Der wievielte „Boxenstop" ist es heute hier für dich?

_____

Wie gefällt dir diese Toilette?

_____

Gibt es Verbesserungspotenzial an diesem Raum?

_____

Wieviele Lagen bevorzugst du beim Toilettenpapier?

_____

Magst du uns spontan ein nettes Zitat hier hinterlassen?

_____

Hast du Randanmerkungen zum heutigen Tag?

_____

_____

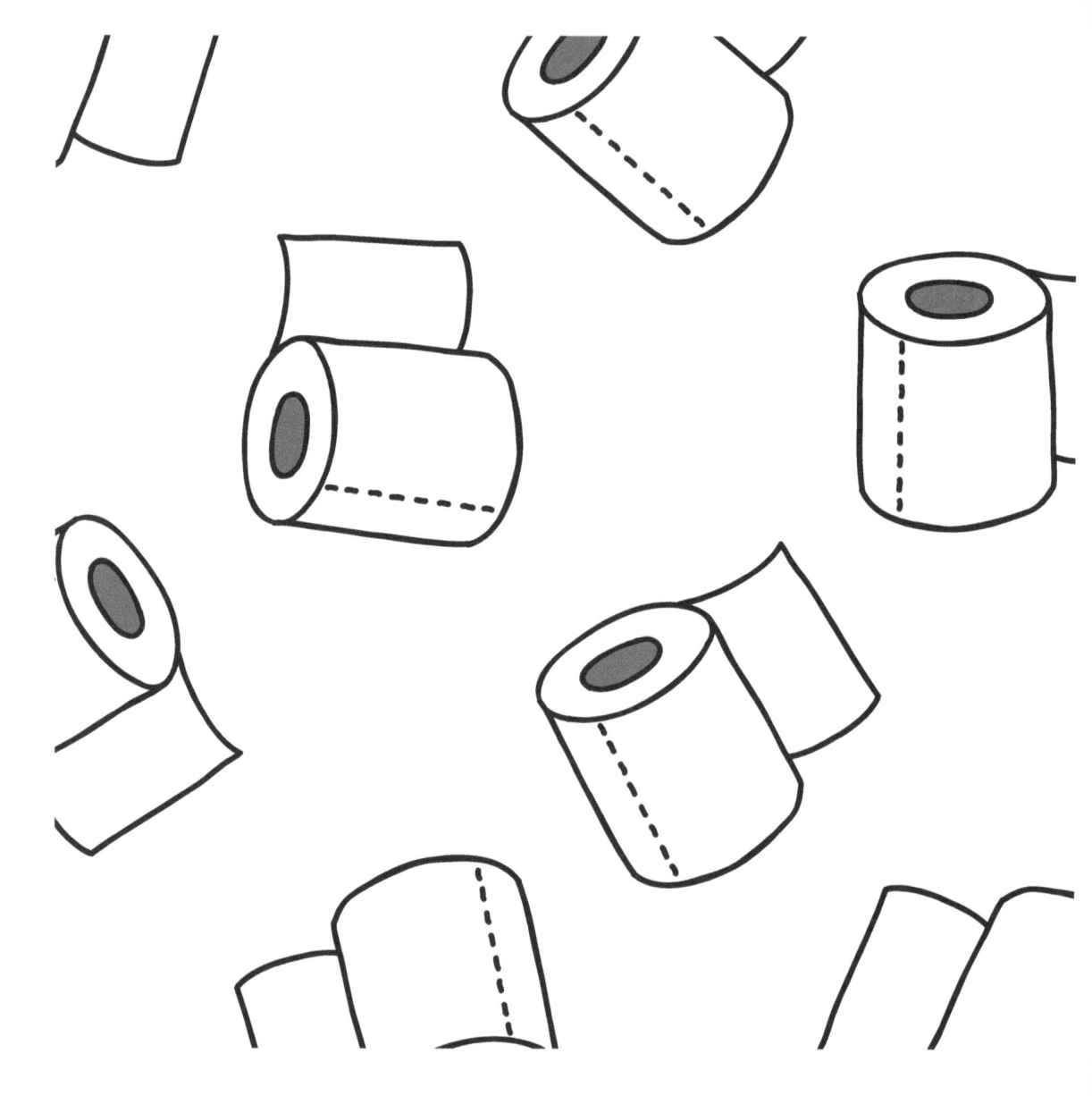

Geschäftsbericht

Name des Toilettengastes

_____

Der wievielte „Boxenstop" ist es heute hier für dich?

_____

Wie gefällt dir diese Toilette?

_____

Gibt es Verbesserungspotenzial an diesem Raum?

_____

Wieviele Lagen bevorzugst du beim Toilettenpapier?

_____

Magst du uns spontan ein nettes Zitat hier hinterlassen?

_____

Hast du Randanmerkungen zum heutigen Tag?

_____

_____

Geschäftsbericht

Name des Toilettengastes

_____

Der wievielte „Boxenstop" ist es heute hier für dich?

_____

Wie gefällt dir diese Toilette?

_____

Gibt es Verbesserungspotenzial an diesem Raum?

_____

Wieviele Lagen bevorzugst du beim Toilettenpapier?

_____

Magst du uns spontan ein nettes Zitat hier hinterlassen?

_____

Hast du Randanmerkungen zum heutigen Tag?

_____

_____

Geschäftsbericht

Name des Toilettengastes

_____

Der wievielte „Boxenstop" ist es heute hier für dich?

_____

Wie gefällt dir diese Toilette?

_____

Gibt es Verbesserungspotenzial an diesem Raum?

_____

Wieviele Lagen bevorzugst du beim Toilettenpapier?

_____

Magst du uns spontan ein nettes Zitat hier hinterlassen?

_____

Hast du Randanmerkungen zum heutigen Tag?

_____

_____

Geschäftsbericht

Name des Toilettengastes

....

Der wievielte „Boxenstop" ist es heute hier für dich?

....

Wie gefällt dir diese Toilette?

....

Gibt es Verbesserungspotenzial an diesem Raum?

....

Wieviele Lagen bevorzugst du beim Toilettenpapier?

....

Magst du uns spontan ein nettes Zitat hier hinterlassen?

....

Hast du Randanmerkungen zum heutigen Tag?

....

....

Geschäftsbericht

Name des Toilettengastes

Der wievielte „Boxenstop" ist es heute hier für dich?

Wie gefällt dir diese Toilette?

Gibt es Verbesserungspotenzial an diesem Raum?

Wieviele Lagen bevorzugst du beim Toilettenpapier?

Magst du uns spontan ein nettes Zitat hier hinterlassen?

Hast du Randanmerkungen zum heutigen Tag?

Geschäftsbericht

Name des Toilettengastes

Der wievielte „Boxenstop" ist es heute hier für dich?

Wie gefällt dir diese Toilette?

Gibt es Verbesserungspotenzial an diesem Raum?

Wieviele Lagen bevorzugst du beim Toilettenpapier?

Magst du uns spontan ein nettes Zitat hier hinterlassen?

Hast du Randanmerkungen zum heutigen Tag?

Geschäftsbericht

Name des Toilettengastes

_____

Der wievielte „Boxenstop" ist es heute hier für dich?

_____

Wie gefällt dir diese Toilette?

_____

Gibt es Verbesserungspotenzial an diesem Raum?

_____

Wieviele Lagen bevorzugst du beim Toilettenpapier?

_____

Magst du uns spontan ein nettes Zitat hier hinterlassen?

_____

Hast du Randanmerkungen zum heutigen Tag?

_____

_____